MEL BAY PRESENTS

SONGS OF MEXICO
(Canciones Mexicanas)

By Jerry Silverman

3 1544 0 **9254979** 9

D1523495

© 1994 BY MEL BAY PUBLICATIONS, INC., PACIFIC, MO 63069.
ALL RIGHTS RESERVED. INTERNATIONAL COPYRIGHT SECURED. B.M.I. MADE AND PRINTED IN U.S.A.

Contents

SP 782.422 M

**Thanks to Halina Rubinstein for her help with the translations, proofreading and background of the songs.

Desde México He Venido
Mexico Is Where I've Come From

Des - de Mé - xi - co he ve - ni - do _____ car - gan -
Mex - i - co is _____ where I've come from, _____ Lug - ging

do mi tom - pea - ti - to; ____ Só - lo por ve - nir - te a
my tor - ti - lla bask - et; ____ And I've come just to see

ver, _____ ¡ca - ra de ca - ca - hua - ti - to! _____
you,. _____ Lit - tle pea - nut face, don't mask it! _____

El Venadito
The Little Deer

Soy un po - bre ven - a - di - to que ha-bi - ta en la se - rra -
A poor lit - tle deer am I who lives way up in yon - der

ní - a. _____ Soy un ___ Co - mo soy al - go man -
moun - tain. _____ A poor ___ Since I'm shy, I don't come

si - to no ba - jo al a - gua de dí - a, de _____
down each day to drink from the cool foun - tain, But at

no - che, po - co a po - qui - to, y en tus bra - zos, vi - da mí - a.
night I come down stealth-i - ly in - to your arms, my dar - ling.

4

Ya tengo visto el nopal donde he de cortar la tuna; (2)
como soy hombre formal, no me gusta tener a una,
me gusta tener dos, por si se me muere una.

Quisiera ser perla fina de tus lucidos aretes, (2)
pá morderte la orejita y besarte los cachetes,
Quién te manda a ser bonita si hasta a mí me comprometes?

Voy a hacer una barata y una gran realización: (2)
las viejitas a centavos, las muchachas a tostón,
los yernos a seis centavos, y las suegras de pilon!

Ya con ésta me despido pero pronto doy la vuelta, (2)
no más que me libre Dios de una niña moscamuerta
de esas que ¡Ay mamá por Dios, pero salen a la puerta!

I have seen the prickly pear and I will soon cut off its flower. (2)
But since I am such a proper man I'll need one more in my power.
In case that one should die I'll have the second in my bower.

I would like to be the pearl earring that's hanging near your shoulder. (2)
Then I'd nibble on your ear and kiss your cheeks – then I'd grow bolder.
Who made you so pretty that you even captured me, I wonder?

I am going to hold a big sale, yes, a wholesale liquidation. (2)
Women old and young – use your imagination.
All my in-laws at the cheapest price – yes, all of my relations.

And with this I'm going to leave, but I'll be back, just count on it. (2)
Just as soon as God does free me from that little hypocrite.
She's the kind – may God forgive me, that will just give you the slip.

Cielito Lindo (I)
Beautiful Heaven

De do-min-go a do - min - go _____ te ven-go a ver. _____
Once a week, ev - 'ry Sun - day _____ I come to see you. _____

¿Cuán - do se - rá do - min - go, cie-li-to lin - do, pa - ra vol - ver?
Say when will it be sun - day, *cie - li - to lin - do*, to come a - new?

¡Ay, _____ ay, ay, ay, ay! _____ yo bien qui - sie - ra que to - da la se -
I wish that one day, that each day of the

ma - na, cie-li - to lin - do, do - min - go fue - ra.
week could, *cie-li - to lin - do*, just be a Sun - day.
¡Ay, _____ ay, ay, ay, ay!

Arbol de la esperanza, manténte firme,
que no lloren tus ojos, cielito lindo, al despedirme,
¡Ay, ay, ay, ay, ay! porque si miro
lágrimas en tus ojos, cielito lindo,
no me despido, ¡Ay, ay, ay, ay, ay!

Si alguna duda tienes de mi pasión,
abre con un cuchillo, cielito lindo, mi corazón,
¡Ay, ay, ay, ay, ay, pero con tiento
que tú no te lastimes, cielito lindo,
que estás dentro, ¡Ay, ay, ay, ay!

Dicen que no se siente la despedida,
Dile al quien te lo cuente, cielito lindo, que se despida,
¡Ay, ay, ay, ay, ay! del ser que adora,
y verás como lo siente, cielito lindo,
y hasta que llora, ¡Ay, ay, ay, ay, ay!

O you tree, you tree of hope, keep yourself strong.
Let not your eyes start weeping, *cielito lindo*, I must be gone.
Ay, ay, ay, ay, ay! For if I should see
Tears welling in your eyes, *cielito lindo*,
I could not leave thee. Ay, ay, ay, ay, ay!

If you should ever doubt me, think I'd depart,
Open up with a sharp knife, *cielito lindo*, my faithful heart.
Ay, ay, ay, ay, ay! When you begin it,
Take care that you do not injure, *cielito lindo*,
Yourself within it. Ay, ay, ay, ay, ay!

Some folks say that they do not feel pain at parting.
Tell him who told you that, *cielito lindo*, to just try starting,
Ay, ay, ay, ay, ay! to leave his loved one,
And you'll see how he's feeling, *cielito lindo*,
While his tears are falling.

Corrido De Los Oprimidos
Corrido Of The Oppressed

The *corrido* is a narrative ballad, often with a political or social theme. This one refers to people and events involved in the 1810 revolution against Spain, which resulted in independence for Mexico in 1821. The "priest" (verse 5) is Don Miguel Hidalgo y Costilla, the "father of the revolution," who was executed by a Spanish firing squad in 1811. After the revolution the plight of the landless Indians did not change appreciably.

Voy a can-tar un co-rri - do   de e-sos que ha-cen pa-de-cer,
I will now sing a *co - rri - do*   of those who've known mi-se-ries,

y les su-pli-co, se-ño - res,   per-do - nen por fa-vor._____ Des-
And gen-tle-men, I beg of   you,   to par - don me if you please._____ For

de que los es-pa   ño-les vi-nie-ron a es - te lu-gar,   que-da-mos es-cla-vi
ev - er since all the   Span-iards to o - ur poor - land have come. We've been   no bet-ter than

8

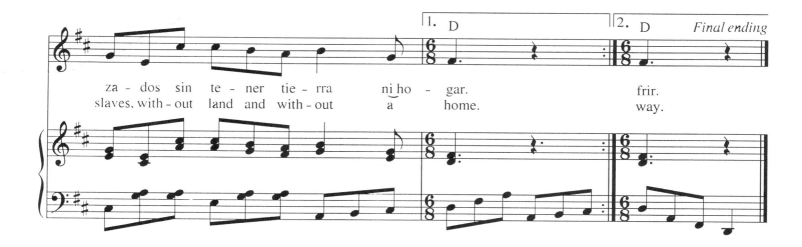

za - dos sin te - ner tie - rra ni ho - gar. frir.
slaves, with - out land and with - out a home. way.

Tres siglos largos, señores,
el indio, triste, sufrió,
hasta que luego en Dolores
la Libertad lo alumbró.
    Del Cura de Guanajuato
    toditos se han de acordar,
    murió como buen soldado
    por darnos la Libertad.

Pero el *Veintiuno,* el Gobierno
la Independencia nos dio,
quedando los españoles
dueños de nuestra nación.
    Toda la tierra tomaron
    y al indio nada quedó,
    sin pensar que por ser dueño
    durante once años peleó.

Por eso el indio ha sufrido
miserias, hambre y dolor,
esperando le devuelvan
sus tierras que tanto amó.
    Ya mejor le pide al cielo
    que lo quite de vivir,
    con eso que, mejor muerto,
    ya no tiene que sufrir.

Three hundred long years, I tell you,
The Indian suffered in shame,
Until one day in Dolores
By Liberty he was enflamed.
    The priest in Guanajuato,
    Who will live in our memory,
    He died just like a good soldier,
    To give us our Liberty.

In "twenty one" it happened
Independence was proclaimed,
Although as it did transpire,
The Spanish rulers remained.
    All our land was taken from us,
    It was the worst of our fears.
    Who would have thought that the Indian
    Had struggled eleven long years!

For that the Indian has suffered
Misery, hunger and pain,
Hoping and praying to go back
To his own lands once again.
    Better that he pray to heaven
    To take his poor life away,
    For he'd be better off dead now,
    Than suffering in this way.

9

Corrido De La Campaña Reeleccionista
Corrido Of The Re-election Campaign

In 1910, revolution broke out against the dictatorial rule of "don Porfirio" (Porfirio Díaz, who ruled from 1877 to 1910). Francisco Madera led the fight against Díaz, and was elected president in November, 1911. He was deposed by the military and assassinated on February 13, 1913.

Maclovio Herrera, Lucio Blanco and Pascual Orozco were all generals in Madera's revolutionary army.

El vein- ti cua- tro del mes de ma- yo en que don Por fi- rio _____ nos o- fre- ció ___ que re- nun cia- ba a la pre- si- den- cia y no lo cum- plió ¡Vi- va Ma- bien!

The twen- ty fourth of the month of May is when don Por- fi- rio _____ did say to us ___ he would re- sign as our pre- si- dent, but he did not go. Vi- va Ma- all!

¡Viva Madero! ¡Viva Maclovio Herra!
¡Y Lucio Blanco, Pascual Orozco!
Toda su gente es muy valiente.
¡Viva también!

Viva Madero! *Viva* Maclovio Herrera!
And Lucio Blanco, Pascual Orozco!
All of your people are without equal.
Long live them all!

Corrido De La Miseria
Corrido About Poverty

Corrido De Las Tres Pelonas
Corrido Of The Three Foolish Women

In this satirical song, the three women are meant to embody the fickleness of people who first support one, and then another (and another) politician or military leader. *Pelón* (and in its feminine form, *pelona*) literally means "bald" or "hairless." It also has a secondary meaning: "dull" or "stupid." In either case, we get a rather unflattering portrait of the three women in question.

Francisco ("Pancho") Villa had been a notorious cattle rustler and bandit until he joined forces with Venustiano Carranza after Madero's assasination in 1913. In the struggle for power that ensued, Carranza assumed the presidency in 1915, and held office until he himself was ousted in May, 1920. Villa had come into conflict with Carranza, and remained an independent outlaw force until Carranza's overthrow. He then made peace with the government. Carranza was assassinated on May 21,1920. Villa bit the dust on July 20,1923. Thomás Urbina (1877-1915) was a general and a friend of Villa.

Es — ta — ban las tres pe — lo — nas sen — ta — das en u — na
There once were three fool – ish wo — men who all in one chair were

si — lla, y u — na a la o — tra se de — cí — an! ¡Qué ___
seat – ed, And each to the oth – er greet – ed: O, ___

vi — va Fran-cis — co Vi — lla! ¡Fran-cis — co Vi — lla, si! ¡Fran-cis — co Vi — lla,
vi — va Fran-cis — co Vi — lla! Fran-cis — co Vi — lla, yes! Fran-cis — co Vi — lla,

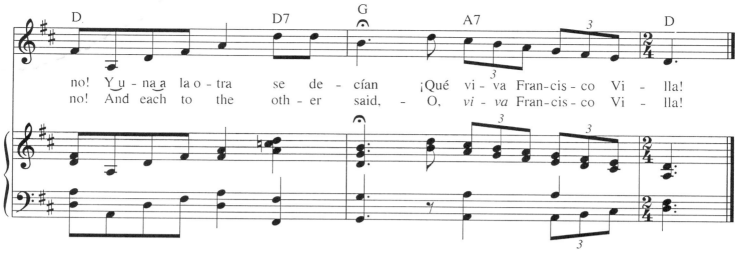

no! Y u - na_a la_o - tra   se de - cían   ¡Qué vi - va Fran-cis-co Vi - lla!
no! And each to the   oth - er said, - O, *vi - va* Fran-cis-co Vi - lla!

Estaban las tres pelonas
sentadas en una esquina
y una a la otra se decían:
"¡Qué viva Tomás Urbina!
¡Tomás Urbina sí!
¡Tomás Urbina no!"
y una a la otra se decían:
"¡Qué viva Tomás Urbina!

Estaban las tres pelonas
debajo de unos portales
gritando: ¡"Viva Carranza,
padre de los federales!
¡Viva Caranza sí!
¡Viva Caranza no!"
gritando: ¡"Viva Carranza,
padre de los federales!"

There once were three foolish women
Who were squeezed into a corner,
And each one said to the other,
"O *viva* Tomás Urbina!
Tomás Urbina, yes!
Tomás Urbina, no!"
And each one said to the other,
"O *viva* Tomás Urbina!"

There once were three foolish women
Underneath one of the portals,
Shouting out, *"Viva* Carranza,
Father of Federal immortals!
Viva Carranza, yes!
Viva Carranza, no!"
Shouting out, *"Viva* Carranza,
Father of Federal immortals!"

Román Castillo

tra - ñas, - y tu a - mor no tie - ne fin. _____
press - ive, _____ But your pas - sion you will rue. _____

Antenoche me dijeron
que pasaste por aquí,
que tocaste siete veces
y el cancel querías abrir;
que mis criados espantados
a nadie querían abrir.
Y que entonces tú gritaste:
-¡Abren o van a morir!

Ten piedad, Román Castillo,
ten piedad, pobre de ti.
Si persistes en tu vida
de dolor voy a morir.
Tú eres noble, tú eres bravo,
hombre de gran corazón,
pero ¡que tu amor no manche
nunca mi reputación!

People told me that two nights past
You came by here - what a shock!) 2
Seven times you pulled the bell cord,) 2
And you tried to break the lock;
That my servants became frightened,
And they would not open the door,
And that you began to cry out,
"Open or die!" then you did roar.

Please have mercy, Román Castillo,) 2
Please have mercy, o you poor man.) 2
If you persist in living this way,) 2
I shall surely die of shame.
You are noble, you are brave,
Your good heart is known to all.
Let your love not ever stain me,
Let it not cause my downfall!

La Zandunga

An - tea - no - che - fuí a tu ca - sa, _____ tres gol - pes le ____ dí al can -
I came to see ___ you last eve - ning, _____ up - on your door ___ I knocked

da - do; _____ Tú no sir - ves ___ pa - ra a mo - res, _____ tie - nes el sue - ño pe -
round-ly _____ You are not much ___ good for court-ing, _____ For you were sleep - ing so

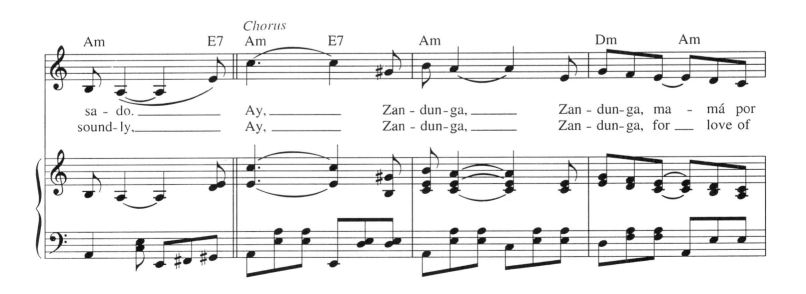

Chorus

sa - do. _____ Ay, _____ Zan - dun - ga, _____ Zan - dun - ga, ma - má por
sound-ly,_____ Ay, _____ Zan - dun - ga, _____ Zan - dun - ga, for ___ love of

Dios, _____ Zan - dun-ga no __ seas in - gra - ta, _____ pren - da de mi __ co - ra - zón.
God, _____ Zan - dun-ga don't _ be so cru - el, _____ you are the jewel _ of my heart.

Estaban dos tortolitos
debajo de un cocotero,
estaban en su nidito
hablándose de amores. *Chorus*

Debajo de un huizachito
puso su nido un conejo;
No te engreías tanto conmigo
porque me voy y te dejo. *Chorus*

There were two turtle doves cooing,
Beneath a palm tree they fluttered.
While in their nest they were sitting,
Sweet words of loving they uttered. *Chorus*

Beneath a bush in the meadow
A rabbit did make his burrow,
And if you act so conceited,
I'll up and leave you in sorrow. *Chorus*

Mañanitas Tapatías

Mañanitas are traditional birthday greeting songs sung at dawn under the window of the birthday boy or girl. The inhabitants of the state of Guadalajara are called *Tapatíos*.

Qué lin - da es - tá la ma - ña - na ___ en que ven - go a ___ sa - lu -
How beau - ti - ful is the morn - ing, ___ As I come by ___ just to

dar - te; ___ ve - ni - mos to - los con gus - to ___ y pla -
wake you. ___ And we all come with good feel - ings ___ And with

1.
cer a fe - li - ci - tar - te. ___ Qué tar - te. ___ Ya
joy we con - grat - u - late you. ___ How late you. ___ The

2.

El dia en que tú naciste
nacieron todas las flores,
en la pila del bautismo
cantaron los ruiseñores. *Chorus*

It was on your own birthday,
That saw the birth of floweres.
In the baptismal basin
Nightingales sang for hours. *Chorus*

Quisiera ser solecito
para entrar por tu ventana,
y darte los buenos días
acostadita en tu cama. *Chorus*

I'd like to be the sunshine
That through your window's shining.
And I'd wish you good morning,
As in your bed you're lying. *Chorus*

Quisiera ser un San Juan,
quisiera ser un San Pedro
pa' venirte a saludar
con la música del cielo. *Chorus*

I'd like to be like St. John,
I'd like to be like Peter,
And I would come to greet you
With music all the sweeter. *Chorus*

19

Hay Unos Ojos
There Are Some Eyes

Hay u - nos o - jos que si me mi - ran ____
There are some eyes that if they look at me, ____

____ ha - cen que mi al - ma tiem - ble de a mor. ____
____ Make my soul mi trem-ble with love and more. ____

____ Son u - nos o - jos tan pri - mo - ro - sos. ____
____ There are some eyes that are so ex - quis - ite. ____

____ O - jos más lin - dos no he vis - to yo. ____
____ Such pret - ty eyes I've not seen be - fore. ____

Y todos dicen
que no te quiero.
que no te adoro
con frenesí.
y yo les digo
que minten. mienten:
que hasta la vida
daría por ti.

And they are saying
That I don't love you,
That I don't adore you
Passionately.
And I do tell them,
They're lying. lying,
That life itself
I would give for thee.

Cielito Lindo (II)
Beautiful Heaven

De la Sie – rra Mo – re – na vie – nen ba – jan – do, vie –
From the Sie – rra Mo – re – na are com – ing down – ward, are –

nen ba – jan – do _____ un par de o – ji – tos
com – ing down – ward, _____ A pair of _____ spark – ling

ne – gros, cie – li – to lin – do, de ____ con – tra – ban – do. _____
black eyes, cie – li – to lin – do, of ____ price – less val – ue. _____

Chorus

Ay, ay, ay, ay, _____ Can – ta y no
Ay, ay, ay, ay, _____ Sing and no

22

Pájaro que abandona
su primer nido, su primer nido,
regresa y ya no encuentra,
cielito lindo, el bien perdido.   *Chorus*

Ese lunar que tienes,
cielto lindo, junto a la boca
no se lo des a nadie,
cielito lindo, que a mí me toca.   *Chorus*

O, the bird that abandons
Its first nest - that abandons its first nest,
Comes back but never finds it,
Cielito lindo, and never can rest.   *Chorus*

That beauty spot that you have,
Cielito lindo, right near your mouth,
Give it away to no one,
Cielito lindo, it's mine alone.   *Chorus*

La Adelita

Una noche en que la escolta regresaba
conduciendo entre sus filas al sargento,
por la voz de una mujer que sollozaba,
la plegaria se escuchó en el campamento.
Al oírla el sargento, temeroso
de perder para siempre a su adorada,
ocultando su emoción bajo el embozo,
a su amada le cantó de esta manera. *Chorus*

One dark night when all the soldiers were returning,
And among their ranks the sergeant he was found,
Came the voice of a sad woman who was sobbing,
And her prayer was heard throught the camping ground.
When he heard her, our sergeant he grew fearful
That he'd lose his darling sweetheart for all time,
So disguising his emotion 'neath his cloak then,
To his loved one he sang this simple rhyme. *Chorus*

La Pajarera
The Bird Lady

Freely

Pa - ja - ri - llos, _____ pa - ja - ri - llos _____
Lit - tle bird - ies, _____ lit - tle bird - ies, _____

___ de mil - co - lo - res, ni - ña, _____ los trai - go chi - fla - do - res.
___ A thou-sand col - ors, dear girl, _____ I'm bring-ing them all chirp - ing.

A tempo

An - den, com - pren, chi - flan, can - tan, la can - ción de los a -
Come on, buy them, chirp-ing. sing-ing. Love's sweet song they all are

27

til pa - ja - re - ra, _____ que la au - ro - ra con sua - ves en -
friend - ly bird la - dy, _____ that the dawn with its gen - tle en -

can - tos me _____ des - pier - ta fe - líz y par -
chant - ments does _____ a - wak - en me hap - py, and

le - ra con _____ la vi - da i - de - al de los
it sings to _____ me of the good life in los the

cam - pos. _____ Soy la
coun - try. _____ I'm the

La Barca De Oro
The Golden Vessel

Yo ya me voy al puer-to don-de se ha - lla ____ la bar - ca de oro que ha - de con - du - cir - me. Yo ya me voy, só-lo ven-go a des - pi - dir - me, A - diós, mu-

I'm on my way un - to the port where I'll find ____ the gold-en ves - sel that must take me a - way now. I'm on my way, all a - lone, I'll say good-bye now, Fare-well, my

jer,   a - diós pa - ra siem - pre a - diós.   No vol-ve - rán   mis
dear,   fare - well for all time, fare - well.   My eyes will not   re -

o - jos a mi - rar - te, ni tus o - í dos ____ es - cu - cha - rán mi
turn to look up - on you, Your ears will nev- er ____ a - gain hear my voice

can - to. Voy a au - men - tar   los ma - res con mi llan - to.
sing - ing. I'm going to fill   the o - ceans with my cry - ing.

A - diós, mu - jer,   a - diós pa - ra siem - pre a - diós.
Fare - well, my dear,   fare - well for all time, fare __ well.

31

La Malagueña

¡Qué bo - ni - tos   o - jos   tie - nes _____   de -
O, your eyes they   are so   pret-ty _____   Be -

ba - jo de e-sas dos   ce - jas, _____   de - ba - jo de e-sas dos   ce - jas, _____   qué
neath those two love-ly   eye-brows, ___   Be - neath those two love-ly   eye-brows, ___   O,

bo - ni – tos o – jos   tie – nes! _____
your eyes they are so   pret-ty! _____

E – llos me quie-ren mi –
They want to gaze up- on

rar, _____   pe – ro si tú no los   de – jas, _____   pe – ro si tú no los
me, _____   But you do not let them   do it! _____   But you do not let them

par-pa – dear. _____
‑tle   glance. _____

ce – ra, e – res are
chant-ing, You

ña   sa – le – ro – sa, _____
– ña,   o, so charm-ing, _____

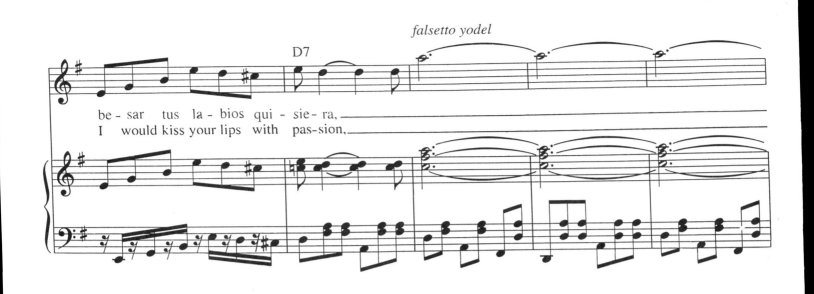

falsetto yodel

be - sar tus la - bios qui - sie - ra,_____
I would kiss your lips with pas - sion,_____

____ 'sar tus la - bios qui - sie - ra,____ Ma - la - gue-ña ____ sa - le - ro - sa,____ y de -
____ Yes, kiss your lips with pas - sion,____ Ma - la - gue-ña,____ o, so charm-ing ____ And to

cir - te, ni - ña her - mo - sa,____ e - res lin - da y he - chi -
tell you pret - ty la - dy,____ You are pret - ty and en -

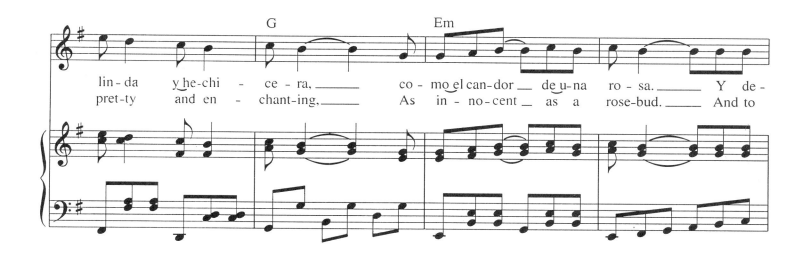

lin - da y he-chi - ce - ra, _____ co - mo el can-dor _ de u-na ro - sa. _____ Y de-
pret-ty and en - chant-ing, _____ As in - no-cent _ as a rose-bud. _____ And to

cir - te ni - ña her-mo-sa, _____ e - res lin - da y he-chi - ce - ra, _____
tell you, pret-ty la - dy, _____ You are pret-ty and en - chant-ing, _____

e - res lin - da y he-chi-
You are pret-ty and en -

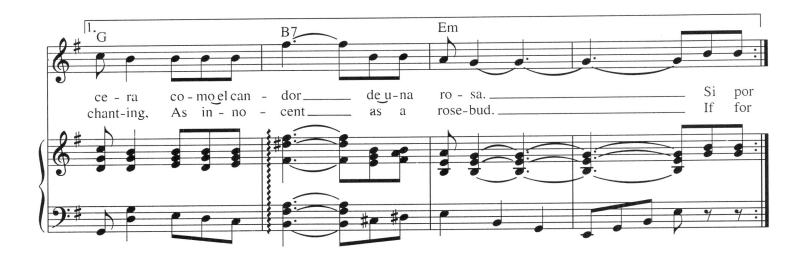

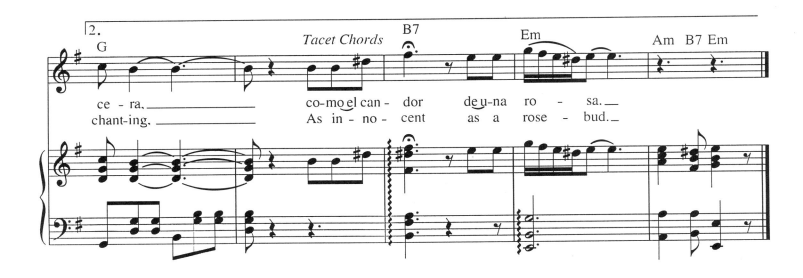

Si por pobre me desprecias,
yo te concedo razón,
yo te concedo razón,
si por pobre me desprecias.
    Yo no te ofrezco riquezas,
    te ofrezco mi corazón,
    te ofrezco mi corazón
    a cambio de mi pobreza. *Chorus*

If for poverty you scorn me,
I agree you have good reason,
I agree you have good reason,
If for poverty you scorn me.
    I do not offer you riches,
    But I offer you my heart,
    But I offer you my heart,
    In exchange for my poor fortune. *Chorus*

La Llorona
The Weeping One

Literally, "the weeping woman," she is often pictured in song as weeping for her dead husband or children. In this love song version, *Llorona* is used as a simple refrain.

To - dos me di - cen el ne - gro, llo - ro - na, ne - gro pe - ro __
Ev - 'ry - one calls me the black one, *llo - ro - na,* yes, black I am, __

__ ca - ri - ño - so. __
__ but so lov - ing. __

__ Yo soy co - mo el
__ I'm like the green

__ chi - le ver - de, llo - ro - na, pi - can - te pe - ro sa -
__ chi - le pep - per, *llo - ro - na,* so spic - y but __ o, so

Dicen que no tengo duelo, llorona,)2
porque no me ven llorar.
Hay muertos que no hacen ruido, llorona,)2
y es más grande su penar.

Ay de mí, llorona,)2
llorona de azul celeste.
Y aunque la vida me cueste, llorona,)2
no dejaré de quererte.

Si al cielo subir pudiera, llorona,)2
las estrellas te bajara.
La luna a tus pies pusiera, llorona,)2
con el sol te coronara.

Ay de mí, llorona,)2
llorona de negros ojos.
Ya con ésta se despide, llorona,)2
tu negrito soñador.

People say I'm not in mourning, *llorona,*)2
Because they don't see me crying.
There are deaths that don't make a sound, *llorona,*)2
And whose suffering is so much greater.

Woe is me, *llorona,*)2
Llorona of heaven's blue color.
And even if it costs me my life, *llorona,*)2
I will not cease longing for you.

If I could climb up to the heavens, *llorona,*)2
And bring all the stars down before you,
The moon I would place at your feet, o, *llorona,*)2
And with the bright sun I would crown you.

Woe is me, *llorona,*)2
Llorona of eyes dark as midnight,
And with all this now will be leaving, *llorona,*)2
Your little black heartbroken dreamer.

Los Braceros
The Migratory Workers

Braceros — those who walk "arm in arm" — are the migratory Mexican agricultural workers of the Southwest who have been encouraged to come to this country during the harvesting season. Their legal rights are at an absolute minimum, and they are often the victims of both employers and local law-enforcement officials. This song originated in New Mexico.

By Benito Amador and
Justino Alarcon

Ya son mu-chos los pai-sa - nos___ que se van al___ ex - tran-
Man-y of my coun-try-men now___ at the bor - der___ are all

je - ro,_____ Y pa-ra po-der sa - lir_____ se con-
lined up,_____ And to be a - ble to cross it, ___ as *"bra-*

tra - tan ___ de "bra - ce - ros,"_____
ce - ros" ___ they have signed up._____

40

Des - pués de lar - gos seis me - ses ___ les re - co - gen ___ los pa -
Af - ter six months have gone by and ___ when the beets have ___ all been

pe - les ___
crat - ed, ___

Cuan do a - ca - ban de "ta -
Their pa - pers are tak - en

piar" ___ los fi - los de ___ be - ta - be - les. ___
from them, ___ And their per - mits ___ con - fis - cat - ed. ___

Se desiertan de los campos
Y se hacen los inocentes,
Se van buscando trabajo
Durmiendo bajo los puentes.
Y después de tantas penas
Si es que ellos tuvieron suerte,
Caminan por los desiertos
Enfrentándose a la muerte.

Se los llevan los rancheros
A la pizca de algodón.
Para no pargarles nada
Les echan la inmigración.
De ahí van a las prisiones
Y graves penas les dan,
Luego los mandan pelones
Al puerto de Mazatlán.

Cuentan cien mil mexicanos
Los que no están inmigrados,
Entre ellos hay desertores,
"Alambristas" y "mojados."
Ya con ésta me despido
Y los vuelvo a amonestar;
Que no salgan del terruño
Que después les va a pesar.

Leaving the bare fields behind them,
For employment they go seeking.
Hoping the police don't find them,
Under bridges they are sleeping.
And after all of their sorrows,
If they're lucky and not hunted,
They travel over the deserts,
Where by death they are confronted.

Then they are taken by ranchers
To pick cotton on plantations.
Then in order not to pay them,
They call up the Immigration.
Now they have nothing but trouble,
As to prison they're transported.
Then with their heads freshly shaven,
To Mazatlán they're deported.

A hundred thousand *mexicanos*
Tell those who've not immigrated,
And who have passed through the fences,
And as wetbacks, who have waded—
With this I will now say so long,
And remember that I said it:
Don't ever part from your country—
If you do, you will regret it.

42

Rifaré Mi Suerte
I Will Raffle My Future

Aho - ra que me en-cuen - tro le - jos ____ de la tie - rra en
Now that I find my - self far off ____ from the land where

que na - cí ____ ¡Ay de mis pa - dres que - ri - dos ____
I was born, ____ I think of my dear re - la - tions,

____ cuan - to han su - fri - do por mí. ____
____ for my sake they suf - fered so. ____

Po - bre - ci - ta de mi ma - dre ____ cuán - tos con - se -
O, my poor dear lit - tle moth - er, ____ how much good ad -

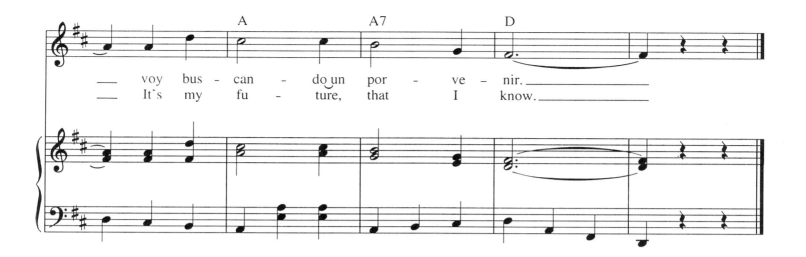

voy bus - can - do un por - ve - nir._____
It's my fu - ture, that I know._____

Quisiera ser cual las aves
de un solo vuelo cruzar
esos valles y montañas
y a mi querencia llegar. *Chorus*
Virgencita milagrosa,
Tú sabes mi padecer
de rodillas iré a verte,
si me concedes volver. *Chorus*

I'd like to be the birds now,
And be able to fly high.
I'd cross these valleys and mountains,
To my true love I would fly, *Chorus*
I pray to you Blessed Virgin,
All my suffering you do know;
On my knees I will come to you,
If you let me come back now. *Chorus*

El Abandonado
The Abandoned One

Me a - ban - do - nas - tes mu - jer, por -
Wo - man, you a - ban - doned me, Just be -

que _____ soy muy po - bre, _____ Y la des -
cause _____ I'm a poor man. _____ And the dis -

gra - cia es ser hom - bre a - pa - sion - a - do.
grace of it is I'm a man of great pas - sion.

46

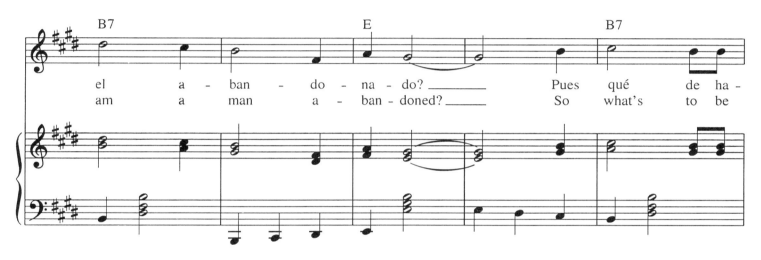

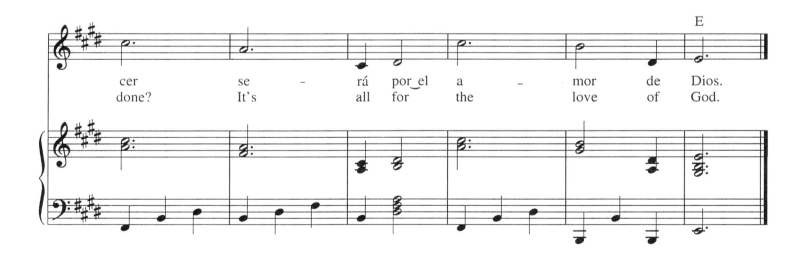

Tres vicios tengo, los tres tengo adoptados:
Es ser borracho, jugador, y enamorado. *Chorus*

Pero ando ingrato si con mi amor no quedo;
Tal vez otro hombre con su amor se habrá jugado. *Chorus*

Three great vices I must confess, three great vices I've adopted,
Drunkard, gambler and lover. *Chorus*

I will know unhappiness, if my love and I are parted,
If another man has known her. *Chorus*

Corrido De Joaquín Murieta
Corrido About Joaquín Murieta

    A *corrido* is a typical Mexican narrative ballad, a perfect vehicle for recounting the exploits of Joaquín Murieta, California's most notorious bandit. Murieta came to the Gold Rush country in 1849 from his native Mexico to seek his fortune as a miner. One disaster followed another: His land was stolen from him, his wife was raped, his brother was hanged, and he himself was flogged. In his grief and in desperation he turned outlaw, organizing a band which terrorized the countryside for three years. A Robin Hood legend grew up around him and his exploits as he hunted down and killed those who had raped his wife, lynched his brother, and driven him from his claim. Eventually he was betrayed, and in a running gun battle he was killed. As proof of his death, his head was put on display (admission: one dollar) in San Francisco in 1853.

go ————————————————— tem - blar a mis pies.————————
trem — ble at my com- mand.————————

Cuando apenas era niño,	When I was just a young fellow,
Huérfano a mí me dejaron	I lost my father and mother.
Sin quien me hiciera un cariño;	I had nobody to love me—
A mi hermano lo mataron,	And then they killed my brother.
Y a mi esposa Carmelita	My poor wife, Carmelita,
¡ Cuanto la martirizaron!	Was tortured by another

Yo me vine de Hermosillo,	I came in from Hermosillo,
En busca de oro y riqueza;	In search of riches and gold.
Al indio bueno y sencillo,	The good Indian I defended—
Lo defendí con fiereza,	The story has often been told.
A buen precio los Sherifes	The sheriffs, they were all hoping
Pagaban por mi cabeza.	My head could be bought and sold.

Me he paseado en California	In eighteen hundred and fifty,
Por el año del cincuenta;	I was in California,
Con mi pistola fajada,	With cartridges and with pistols—
Y mi canana repleta,	And I was riding afar.
Yo soy aquel mexicano,	For I am that *mexicano*
De nombre Joaquín Murieta.	Whose name is Joaquín Murieta.

Ya nos vamos de estampida,	We're going to stage a hold–up,
Todos vamos a tropel,	It will be a bloody clash,
Con bastante caballada,	With plenty of our fast horses,
Y cien mil pesos en papel,	And one hundred thousand in cash.
También les traigo a Tres Dedos;	With my true friend, "Three Fingers,"
Que ha sido un amigo fiel.	We will be gone in a flash.

Por cantinas he venido,	I've been in every cantina,
Castigando americanos;	*Americanos* I've fought:
Tú serás el capitán	"You are my brother's killer.
El que mataste a mi hermano,	Captain, it's you that I've sought.
Lo agarraste indefenso,	An unarmed man you did murder,
Orgulloso americano.	And now, proud man, you are caught."

Corrido De Kansas
Kansas Corrido

In the 1880s, a group of Mexican cowboys drove a herd of cattle up the trail from Texas to Kansas. In true corrido style, a ballad grew out of this adventure. These cowboys were the descendants of the original Mexican cowboys of the west Texas plains. Mexican cowboys were doing their roping and riding several decades before their American counterparts came on the scene. They have left us a rich legacy of words of Spanish origin — "lariat," "pinto," "corral," "stampede," "buckaroo" (which comes from *vaquero,* the Spanish word for "cowboy"), and many others.

Cuan-do sa - li - mos pa' Kan-sas _____ con u -
It was when we left for Kan-sas _____ With a

na gran-de par - ti da, _____ Nos de - cí - a el ca - po -
man - y a brave ran - ger, _____ That the fore - man, he said

ral: _____ "No cuen-to ni con mi vi - da." _____
to us, "Ev - en my life is in dan - ger." _____

Quinientos novillos eran Pero todos muy livianos, No los podíamos reparar Siendo treinta mexicanos.	There were fifteen hundred longhorns, And we had to keep on our toes, They were wild – we could not herd them, Just us thirty *mexicanos*.
Cuando dimos vista a Kansas Era puritito correr, Eran los caminos largos, Y pensaba yo en volver.	When we caught sight of Kansas, It was nothing but pure running. The roads were long and endless, And I thought about returning.
Cuando llegamos a Kansas Un torito se peló, Fue a tajarle un mozo joven Y el caballo se volteó.	And when we arrived in Kansas, A young steer started thrashing. A young boy went to head him, And his pony, it went crashing.
La madre de un aventurero Le pregunta al caporal: — Oiga, déme razón de mi hijo, Que no lo he visto llegar.	The mother of a cowboy – Her son has gone off to roam – Asks the foreman, has he seen him, He has not yet come back home.
— Señora, le voy a decir Pero no se vaya a llorar, A su hijo lo mató un novillo En la puerta de un corral.	"Lady, I am going to tell you, But don't cry as I relate How a longhorn steer did kill him, On a wooden corral gate.
Treinta pesos alcanzó Pero todo limitado, Y trescientos puse yo Pa' haberlo sepultado.	"All he had was thirty pesos, But he owed it on his pay, And I put in three hundred For his burial that day.
Todos los aventureros Lo fueron a acompañar, Con sus sombreros en las manos, A verlo sepultar.	"All of his fellow drivers, From the company around, They followed him bareheaded, When we laid him in the ground."

Deportados
Deportees

The line between a *bracero* and a *deportado* was often finely drawn and, in many instances, did not exist at all. This song dates from the early 1900s but is still being sung, and not merely for historical reasons. The conditions that created the song still exist.

Voy a con - tar - les, se - ño - res, voy a con -
I'm going to tell you, good peo - ple, I'm going to

tar - les, se - ño - res, to - do lo que _____ yo su - frí,
tell you, good peo - ple, of all that I _____ had to bear,

Cuan - do de - jé yo a mi pa - tria, cuan - do de -
When I de - part - ed my coun - try, When I de -

jé yo a mi pa - tria, Por ve - nir a e - se pa - ís._____
part - ed my coun - try, To come all the way up here._____

Serían las diez de la noche,	It was about ten in the evening,
Serían las diez de la noche,	It was about ten in the evening,
Comenzó un tren a silbar:	A train whistle pierced the dark night.
Ay, que dijo mi madre,	"Ay," then cried out my mother,
Hay viene ese tren ingrato	"The cruel train is arriving
Que a mi hijo se va a llevar.	To carry my son out of sight."
Llegamos por fín a Juárez,	We finally got to Juárez,
Llegamos por fín a Juárez,	We finally got to Juárez,
Ahí fué mi apuración	And there my troubles began.
Que dónde va, que dónde viene,	Whether you're coming or going,
Cuanto dinero tiene	It's money you must be showing,
Para entrar a ésta nación.	If you want to enter this land.
Señores, traigo dinero	But sirs, I'm carrying money,
Señores, traigo dinero	But sirs, I'm carrying money,
Para poder emigrar	In order to emigrate.
Su dinero nada vale,	"Your money, it is worth nothing,
Su dinero nada vale,	Your money, it is worth nothing.
Te tenemos que bañar.	We have to send you away."
Hoy traen la gran polvadera	Today comes the great disorder,
Hoy traen la gran polvadera	Today comes the great disorder,
Y sin consideración,	And without consideration,
Mujeres, niños y ancianos,	Women and children and old men,
Los llevan a la frontera,	They take them to the border.
Los echan de esa nación.	They kick them out of this nation.
Adiós, paisanos queridos,	Farewell, my dear companions,
Adiós, paisanos queridos,	Farewell, my dear companions,
Ya nos van a deportar	They've come to deport us today.
Pero no somos bandidos	Although we are not bandits,
Pero no somos bandidos	Although we are not bandits—
Venimos a camellar.	We've come to work for our pay.
Los espero allá en mi tierra,	So wait for them there in my country,
Los espero allá en mi tierra,	So wait for them there in my country.
Ya no hay mas revolución;	There is no more revolution.
Vámonos cuates queridos	Let's all go back to our farms now,
Seremos bien recibidos	They'll greet us with open arms now,
En nuestra bella nación.	In our beautiful nation.

Las Mañanitas
Morning Greetings

(Birthday Song)

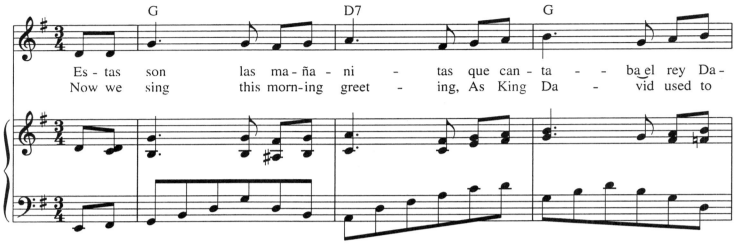

Es - tas son las ma - ña - ni - tas que can - ta - ba el rey Da -
Now we sing this morn-ing greet - ing, As King Da - vid used to

vid. Hoy por ser día de tu san - to te las can -
do, For to - day is some-thing spe - cial so hap - py

ta - mos a tí. Des - pier - ta, mi bien, des -
birth - day to you. A - wak - en, my dear, a -

54

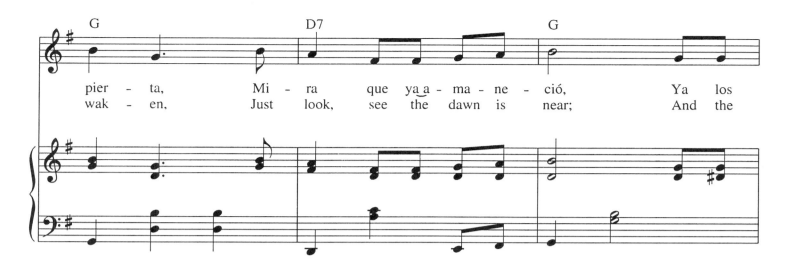

pier - ta,   Mi - ra   que ya_a - ma - ne - ció,   Ya los
wak - en,   Just   look,   see the   dawn is   near;   And the

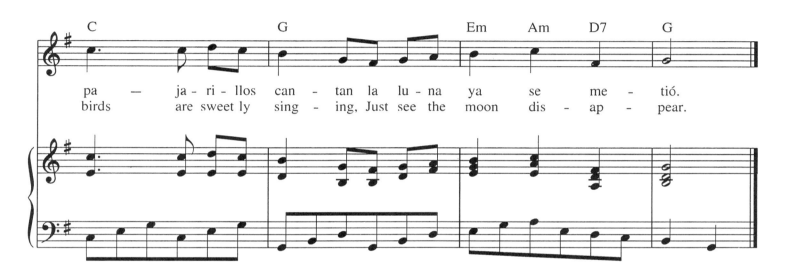

pa - ja - ri - llos can - tan la lu - na   ya   se   me - tió.
birds   are sweet ly   sing - ing, Just see the   moon   dis - ap - pear.

Si el sereno de las esquina
Me quisiera hacer favor,
De apagar su linternita
Mientras que pasa mi amor. *Chorus*

Amapolita morada
De los llanos de Tepic,
Si no estás enamorada,
Enamórate de mí. *Chorus*

Ahora sí señor sereno,
Le agradezco su favor;
Encienda su linternita,
Que ya ha pasado mi amor. *Chorus*

Oh lamplighter on the corner,
Please just listen to my song,
And blow out your little lantern
As my love passes along. *Chorus*

Little poppy, scarlet poppy,
On the meadows growing free,
If you're not in love with someone,
Please fall in love then with me. *Chorus*

Oh lamplighter, I do thank you
For the favor that you've done.
Now you can relight your lantern,
Because my love's come and gone. *Chorus*

La Bamba

A typical dance from the state of Veracruz on the Gulf Coast.

Para bailar La Bamba,
If you would dance La Bamba,

para bailar La
if you would dance La

Bamba se ne - ce - si - ta u - na po - ca de gra - cia,
Bamba you need to have just a bit of good rhy - thm,

u - na po - ca de gra - cia y o - tra co - si - ta, Ya - rri - ba y a -
Just a bit of good rhy - thm and one more thing, And get mov - ing, get

Chorus

rri - ba,
mov - ing,

Y a - rri - ba y a - rri - ba y a - rri - ba i -
And get mov - ing get mov - ing, get moving, you

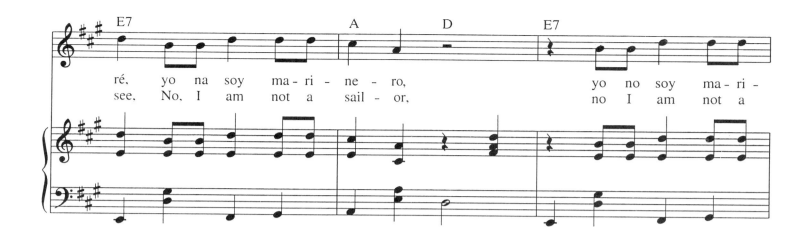

ré, yo na soy ma-ri-ne-ro, yo no soy ma-ri-
see, No, I am not a sail-or, no I am not a

ne-ro, por ti se-ré, por ti se-ré, por ti se-
sail-or, for you I'd be, for you I'd be, for you I'd

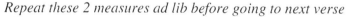

Repeat these 2 measures ad lib before going to next verse

ré. Bam - ba, Bam - ba, — re.
be.

Para bailar La Bamba,	If you would dance La Bamba,
Para bailar La Bamba,	If you would dance La Bamba
Se necesita unos pies ligeritos,	You need little feet that are nimble,
Unos pies ligeritos y otra cosita. *Chorus*	Little feet that are nimble and one more thing. *Chorus*
Yo te canto La Bamba,	I will sing you La Bamba,
Yo te canto La Bamba,	I will sing you La Bamba
Sin pretensión, porque pongo delante,	Without a fuss — for I put my heart in it,
Porque pongo delant de mi corazon. *Chorus*	For I put my heart in it for both of us. *Chorus*

El Caballo Bayo
The Bay Horse

Ya no vuel-ve a su pe-se-bre mi fiel ca-ba-llo no
He'll not re-turn to his man-ger, He'll not re-turn, my proud

vuel-ve ¡no! ____ ya no re-lin-cha de go-zo co-
horse, o no! ____ No lon-ger to neigh with pleas-ure when

mo cuan-do al-guien lo a-ca-ri-ció. ____ ¡Mal-di-ta la
some-one comes to ca-ress him so, ____ Ac-curs-ed be

suer-te pe-rra! que un de-rre-pen-te se lo lle-vó.
the harsh fate the did strike him down __ with a cruel blow.

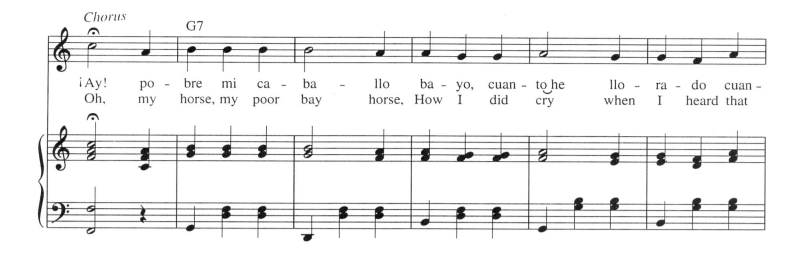

Chorus

¡Ay! po-bre mi ca-ba-llo ba-yo, cuan-to he llo-ra-do cuan-
Oh, my horse, my poor bay horse, How I did cry when I heard that

do el mu-rió. _____ Y dió.
he did die. _____ It pain.

Y fue en este mismo tiempo	It was in this very season,
ya van dos años que ayer cumplió,	Just two short years ago yesterday,
cuando una terrible peste	A terrible pestilence struck the land,
en el potrero lo revolcó	And carried my horse away.
Parece que me llamaba	It seems that he tired to call out to me,
su pataleo me lo anunció. *Chorus*	His stamping told me the news. *Chorus*
Allí me fuí como flecha	I sped to him like an arrow,
pero en cuantito me le acerqué	And as I neared him that fatal day,
me clavaba sus ojazos	By tapping with his bright horseshoes,
como diciendo: "Cúreme usté"	"O, can't you cure me?" he seemed to say.
soltaba unos lagrimones	The tears rolled down from my eyes,
yo bien recuerdo, triste me vió. *Chorus*	I can't forget it — it was so sad. *Chorus*
Después de un suspiro fuerte	And then a great sigh he brought forth,
como una piedra se endureció;	As if a hard stone did weigh him down,
y yo con el alma rota	And I, with my soul in anguish,
le dije: Bayo, te lleva Dios,	Said to him, "God will make you his own."
lo metí en un hoyo grande,	I buried him way down deep
y al enterrarlo pena me dió. *Chorus*	In the rocky soil — it gave me pain. *Chorus*

Prisionero Of San Juan De Ulúa
Prisoner Of San Juan De Ulúa

San Juan de Ulúa is a castle that served as a military prison, Veracruz.

Pre - so me en - cuen - tro tras de las re - jas, _____ tras
Be - hind these bars I find I'm im - pris - oned, _____ Be -

de las re - jas de me pri - sión, _____ Llo - rar qui -
hind the bars of a dun - geon cell. _____ I feel like

sie - ra, can - tar no pue - do las tris - tes que - jas del co - ra -
cry - ing, I can - not sing all the sad la - ments that are in my

1.2.3.4.
zón, _____ U - na ma - ñar.
heart. _____ One morn - ing death.

5.

Una mañana salí al jurado:
y en un banquillo se me sentó
y el secretario y el juez de letras
como culpable me sentenció.

Pena de muerte pedía la gente,
ay, cielo santo, lo que sentí,
y lo confieso sinceramente
que como un niño me estremecí.

Hace tres días que a bartolina
un pajarillo vino a cantar;
era mi madre que en forma de ave
a su hijo amado vino a llorar.

Y no es la barca ni la falúa
lo que me espera en el ancho mar;
es el terrible San Juan de Ulúa
donde mis culpas voy a pagar.

Cuando haya muerto y entre los mares
vayan mis restos a descansar;
una plegaria pa'l sentenciado
que fue asesino de tanto amar.

One morning I did appear in the courtroom,
And on the prisoner's bench I sat;
And then the secretary as well as the judge
Did call me a guilty man.

"Sentence of death!" demanded the people.
O, holy heaven, how I did feel.
And I sincerely admit it now to you,
That I did tremble just like a child.

Three days ago there came to my dungeon
A little bird that sang to me there.
It was my mother who fluttered about me,
Weeping for me and offering a prayer.

There is no ship, nor is there a tender,
That awaits me on the ocean wide.
It is the terrible San Juan de Ulúa
There for my guilt I will now abide.

And when I'm dead, and long forgotten
My poor remains then will find their rest.
Send up a prayer for the long–gone convict,
Whose crime was loving - whose fate was death.

Paloma Mensajera
Messenger Dove

E - ra u - na tar - de de pri - ma - ve - ra, _____ cuan do los
It was one eve-ning, a spring-time eve - ning, _____ When the bright

ra - yos del sol mo - rí - an, _____ Lle-gó a la re - ja de mi ven
rays of the sun were dy - ing, _____ Ar-rived at the lat - tice of my

ta - na _____ u - na pa - lo - ma que a-sí de
win - dow, A lit - tle dove whom I then heard

1. 2. 3. 4. / 5.

cí - a. _____ Soy men - sa - nie ve. _____
say - ing. _____ I am a snow - bank. _____

Soy mensajera crucé los mares
cansada vengo de allá muy lejos,
y aquí te traigo sobre mis alas
dulces recuerdos de amores viejos.

Vuelve paloma, vuelve le dije
vuelve volando que yo te envío,
sobre tus alas lleva contigo
todo el cariño del pecho mío.

Pasó aquel año, vino el invierno,
y en una tarde nublada y fría
cuando en la reja de mi ventana
ví a la paloma que me decía.

Soy mensajera crucé los mares
cansada vengo rendida y triste
y aquí te traigo sobre mis alas
todas las cosas que me pediste.

Perdón, me dijo, misión cumplida
hice gustosa lo que se debe,
ocultó el pico bajo de un ala
y calló muerta sobre la nieve.

I am a messenger, I've crossed the ocean,
I've come great distances, I am weary.
And here I carry to you on my wings
Sweet recollections of old romances.

Return, o dove, please return, I told her,
Return once more to the one I send you,
And on your wings you will carry with you
All the affection that's in my bosom.

A year did pass and the winter came on,
And on one afternoon cold and cloudy,
When once again at my window lattice
I saw the dove who said these words to me.

I am a messenger, I've crossed the ocean,
And I'm exhausted and filled with sorrow.
Here on my wings I am bringing to you
All the things that you did demand of me.

O pardon me, my mission's accomplished,
And with great pleasure I did my duty.
Beneath her wing she did hide her beak then,
And silently died upon the snowbank.

Adios Del Soldado
The Soldier's Farewell

A - diós, a - diós, _____ lu - ce - ro de mis no - ches, _____ di - jo un sol -
Fare - well, fare - well, _____ you bright star of my eve - nings, _____ A sol - dier

da - do _____ al pie de u - na ven - ta - na. _____ Me voy, me voy, no
whis - pered _____ be - neath his sweet- heart's win - dow. _____ I'm off, I'm off, don't

llo - res, án - gel mí - o, _____ que vol - ve - ré ma - ña - na. __
cry my dar - ling an - gel, _____ For I'll be back to - mor - row. __

___ Ya se a - so - ma _____ la es - tre — lla de la au - ro - ra, _____ ya se di -
___ See ap - pear - ing _____ bright Ve - nus in the dawn - ing, _____ And in the

vi - sa _____ en el _____ o - rien - te el al - ba, _____ Y en el cuar - tel, tam-
east now _____ see the _____ light of the morn - ing, _____ And in the bar - racks

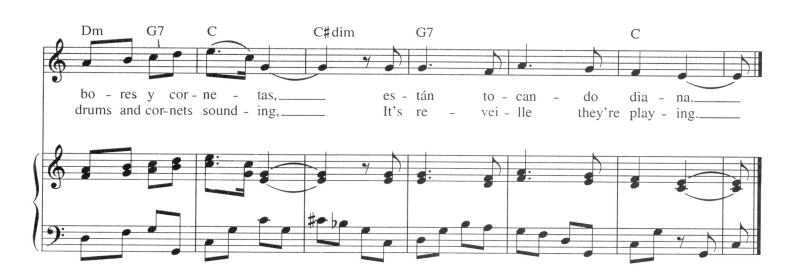

bo - res y cor - ne - tas, _____ es - tán to - can - do dia - na. _____
drums and cor-nets sound - ing, _____ It's re - vei - lle they're play - ing. _____

Horas después, cuando la negra noche
cubrió de luto el campo de batalla,
a la luz de la luna, pálido y triste,
un joven expiraba.
Alguna cosa de ella al centinela
que lo miraba morir, dijo en voz baja,
que alzó triste el fusil, bajo los ojos
y se enjuagó una lagrima. *Chorus*

Hoy cuenta por doquier gente medrosa
que cuando asoma en el oriente el alba
y en el cuartel tambores y cornetas
están tocando diana.
Se ve vagar misteriosa sombra
que se detiene al pie de la ventana
y murmura, no llores ángel mío,
que volveré mañana. *Chorus*

The day had passed, when darkest night did cover
The battlefield – how mournful it all was.
By pale moonlight, so feeble and so pallid,
A young man breathed his last.
He spoke a word of her unto the sentry
Who saw him die – he spoke so softly.
The sentry took his rifle, closed his eyelids,
And wiped away a sad tear. *Chorus*

And now today the people all are frightened,
When dawn does break across the eastern heavens,
And in the barracks drums and cornets sounding –
It's reveille they're playing.
For there is seen a dark mysterious shadow
That stops to linger beneath the shuttered window.
And it does murmur, "Don't cry, my darling angel,
For I'll be back tomorrow." *Chorus*

El Cascabel
The Little Bell

ban-do,   mi cas-ca - bel _____ en la a - re - na.
rat - tling, My lit - tle bell _____ in the sand._

Bonito tu cascabel,
Vida mía, ¿Quién te lo dio?
Vida mía, ¿Quién te lo dio?   2
Bonito tu cascabel.
¡A mí no me lo dió nadie! (2)
Mi dinero mi costó.
Y quien quiera cascabel,
¡Que lo compre como yo! *Chorus*

Oh, your bell is very nice.
Tell me, dear, who gave it to you?
Tell me, dear, who gave it ti you?   2
Oh, your bell is very nice.
No one gave me this little bell! (2)
I paid for it with my money.
And if you want one as well,
You'll have to buy it just like me. *Chorus*

Lindo Michoacán
Beautiful Michoacán

Michoacán is a state in southern Mexico bordering the Pacific.

Lin-do Mi-choa-cán, _____ no te pue-do nun-ca ol-vi-dar, _____
Pret-ty Mi-choa-cán, _____ I can nev-er for-get _____ you, _____

_____ es tu ca-fe-tal _____ dul-ce ni-do que
And your cof-fee grove _____ is the sweet nest that

guar-da por siem — pre el a-mor; _____
al-ways will be in my heart. _____

Tien-es el co-lor_____ co-mo un cie-lo pri-ma-ve-
For your col-or is _____ like the spring-time ___ skies a-

ral, _____ y e - res Mi - choa - cán flo - ri - da tierr - a i _
bove, _____ You are Mi - choa - cán, the flow - 'ry land that

deal de a - mor. _____ Yo qui - sie - ra ser un sol y a - dor _
I do love. _____ I would like to be the sun shin - ing

nar con es - tre - llas tu ca - mi - no, _____ yo qui -
down with the stars up - on your high - way, _____ I would

sie - ra re - tor - nar a mi sue - lo lle - van - do mis que - re -
like to go back home to my land, make a - mends for all my bad

Con Mi 30–30
With My 30–30

Benjamin Argumedo was a general in the forces opposing Villa. Bachimba is a town in the state of Chihuahua.

Con mi trein-ta – trein-ta me voy a 'lis – tar ___ y en-gro-sar las
With my thir-ty – thir – ty I'm go – ing to join, ___ to in-crease the

fi – las de la re be – lión. ___ Pa – ra con-quis-tar, con – quis –
col – umns of o – ur re – bel – lion, ___ So that we may con – quer, may

tar li – ber – tad ___ a los ha – bi – tan – tes de nues – tra na –
con – quer the free – dom ___ for the peo-ple who live in o – ur coun –

ción. ___ Con mi trein-ta – trein-ta me voy a pe – lear ___
try. ___ With my thir-ty – thir – ty I'm go – ing to fight ___

Chiapanecas

Chiapanecas is a woman's dance from the state of Chiapas. The women (who are also called "chiapanecas") wear white dresses with colorful embroidered flowers and white headdresses.

brin-do con ____ pa - sión. _____ No me di - gas no ____ que en tu
of - fer with ____ my heart. _____ Don't say no to me, ____ in your

bo - ca es - tá ____ el se - cre - to de ____ mi a ____ mor.
pret - ty mouth ____ is the se - cret of ____ my love.

Cuan - do la no - che lle - gó y con su man - to de a -
And when the night has ar - rived, wrapped in its man - tle of

zul el blan - co ran - cho cu - brió
blue, Cov - er - ing all of the ranch,

77

De Colores
Brilliant Colors

Male students dressed in 16th century garb, playing mandolins and other string instruments, dance to this song for the state of Guanjuato.

De co - lo - res, _____ de co - lo - res se vis - ten los
Bril - liant co - lors, _____ bril - liant co - lors are seen on the

cam - pos en la pri - ma - ve - ra; _____ De co - lo - res, _____
fields in the beau - ti - ful spring-time; _____ Bril - liant co - lors, _____

de co - lo - res son los pa - ja - ri - llos que vie - nen de
bril - liant co - lors are all of the birds fly - ing high in the

fue - ra. _____ De co - lo - res, _____ de co - lo - res es
bright skies. _____ Bril - liant co - lors, _____ bril - liant co - lors are

78

DISCARD

782.422 M

Mel Bay presents Songs of
    Mexico (Canciones...

White Plains Public Library

White Plains, N.Y.

ADULT

APR 2 4 1995   GAYLORD M